Sobald das Mitgefühl einmal entwickelt ist,
öffnet es auf natürliche Weise eine innere Tür,
durch die wir mit den Mitmenschen
und sogar anderen empfindenden Wesen
kommunizieren können –
mit Leichtigkeit
und von Herz zu Herz.

– Seine Heiligkeit der Dalai Lama

Von *Herz* zu *Herz*

Eine Geschichte von Hoffnung und Liebe zu unserer Erde

Worte von seiner Heiligkeit dem Dalai Lama

Illustrationen von Patrick McDonnell

Ins Deutsche übertragen von Jochen Winter

allegria

Menschlicher Raubbau,
Überbevölkerung und Technologie
haben jenes gewisse Stadium erreicht,
in dem Mutter Erde unsere Anwesenheit
nicht mehr länger

stillschweigend

DAINTREE-REGENWALD, AUSTRALIEN

ertragen kann.

SIERRA NATIONAL FOREST,

VEREINIGTE STAATEN

AMAZONAS-REGENWALD, BRASILIEN

EIN BAMBUSWALD, HOCHLAND VON TIBET

DHARAMSALA, INDIEN

Möge ich zu allen Zeiten, jetzt und für immer,
ein Beschützer werden für jene ohne Schutz,
ein Führer für jene, die vom Weg abgekommen sind,
ein Schiff für jene, die Ozeane zu überqueren haben,
eine Brücke für jene, die Flüsse zu überqueren haben,
ein Heiligtum für jene, die in Gefahr schweben,
eine Lampe für jene ohne Licht,
ein Zufluchtsort für jene, die obdachlos sind,
und ein Diener für alle in Not.

KLOPF-KLOPF

Ich heiße jeden als Freund willkommen.

In Wahrheit haben wir die gleichen wesentlichen Ziele:

Wir alle suchen nach Glück

und scheuen das Leiden.

Grüne Wälder sind ein großes

Geschenk der Natur.

Wälder tun unserer Seele gut.

Wenn du Zeit im Wald verbringst

und die Vögel singen hörst,

fühlst du dich innerlich gut.

Unsere Verbundenheit mit den Pflanzen

und der Natur ist untrennbar, sehr alt

und sehr tief.

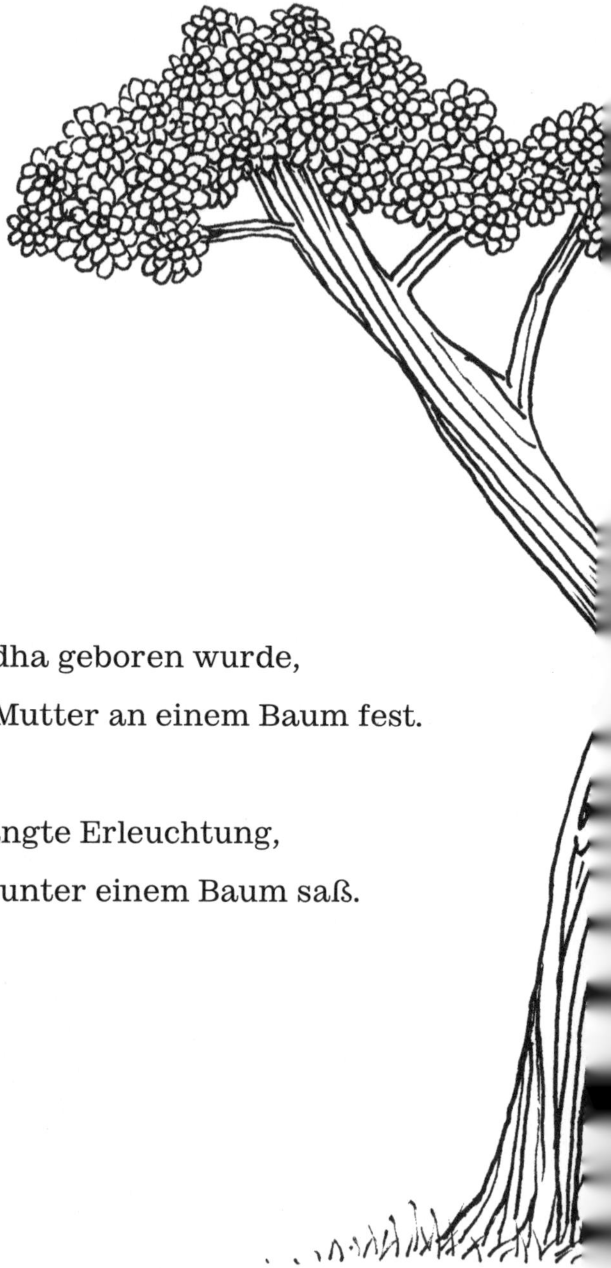

Als Buddha geboren wurde,

hielt sich seine Mutter an einem Baum fest.

Er erlangte Erleuchtung,

während er unter einem Baum saß.

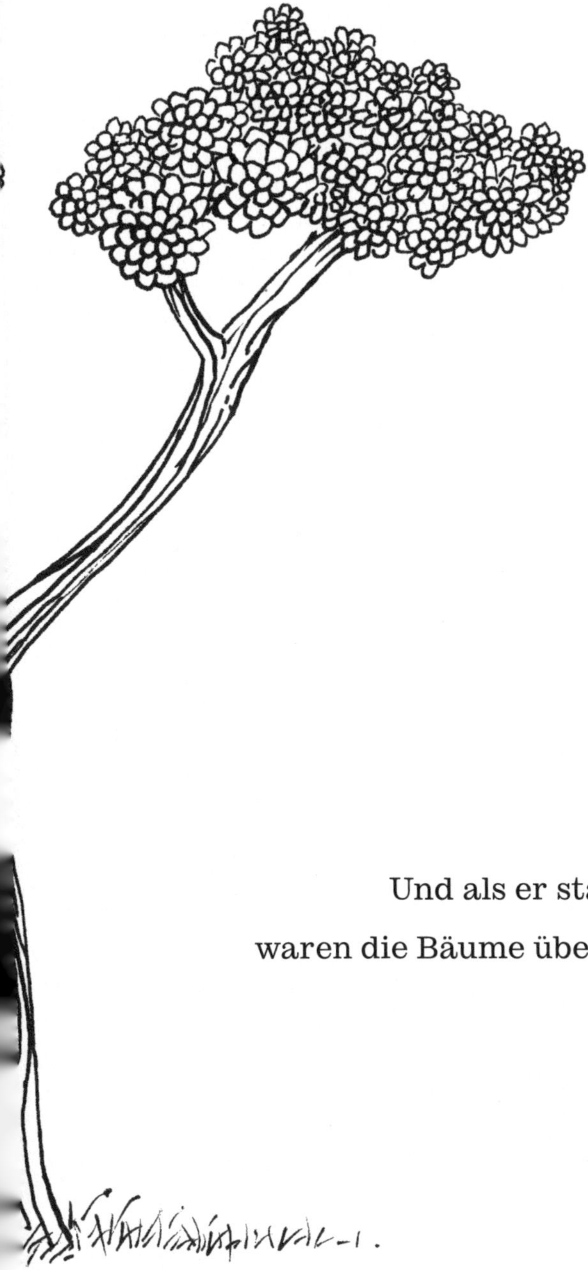

Und als er starb,

waren die Bäume über ihm Zeuge.

Man sagt, dass in den
himmlischen Reichen
die Bäume Buddhas
Segnungen ausströmen.

Wenn ich wilde Blumen sehe, rieche oder auch
nur an sie denke, bin ich besonders glücklich.
Ich erinnere mich,
dass ich mich als vierjähriger Junge
bei meiner ersten Ankunft in Lhasa
wie in einem Traum fühlte –
als wäre ich in einem großen Park,
übersät mit herrlichen Blumen,
während sanfte Brisen darüber hinwegwehten

und Pfauen anmutig vor mir tanzten.

Es lag ein unvergesslicher Duft wilder Blumen,

von Freiheit und Glück

in der Luft.

Wir alle haben das Bedürfnis,

von Leben umgeben zu sein.

Wir brauchen um uns herum Leben,
das wächst und blüht und gedeiht.

Denn wir alle
möchten
wachsen,
blühen
und gedeihen.

Meine Erinnerung
an die dreimonatige Reise durch Tibet,
von meinem Geburtsort Taktser aus,
wo ich im Alter von zwei Jahren als
der Dalai Lama erkannt wurde,
ist geprägt von den wild lebenden Tieren,
denen wir unterwegs begegneten.

Riesige Herden von *Kiangs* (Tibet-Wildesel)

und *Drongs* (Wildyaks)

durchstreiften die weiten Ebenen.

Gelegentlich erhaschten wir
einen Blick auf schimmernde
Herden von *Goas*,
die scheuen Tibetgazellen,

von *Nawas*,
die Weißlippenhirsche,

oder von *Tsos*, unsere
majestätischen Antilopen.

Außerdem erinnere ich mich,
wie entzückt ich war von den *Chibis* oder
Pikas, kleinen Hasen, die sich gern auf
Wiesenflächen versammelten.
Sie wirkten so freundlich auf mich.

Ich liebte es auch, die Vögel zu beobachten,
etwa den würdevollen *Goe* (Bartgeier),
der hoch über den Bergklöstern
seine Runden zog,

die Scharen von *Nangbars*
(Gänsen),

und nachts manchmal den Ruf

einer *Wookpa* (Waldohreule) zu hören.

Sogar in Lhasa, in meinen Räumen oben im Potala,
dem Winterpalast der Dalai Lamas,
verbrachte ich als Kind zahllose Stunden
damit, das Verhalten der *Khyungkars*
(Steindohlen) zu studieren, die auf den
Mauervorsprüngen nisteten.

Und hinter dem Norbulingka, dem Sommerpalast,

sah ich oft Paare von *Trung Trungs*

(Schwarzhalskraniche),

die dort in den Marschländern lebten.

Vögel, die für mich das Inbild von Eleganz

und Anmut sind.

Und damit habe ich die prächtigsten Exemplare der tibetischen Tierwelt noch gar nicht erwähnt:

den *Dhom* (Bär),

den *Wamo* (Tibetfuchs),

den *Chanku* (Wolf),

den *Sazik* (wunderschöner Schneeleopard)

und den *Thesik* (Luchs),

der den nomadischen Viehzüchtern

das Blut in den Adern gefrieren ließ,

oder den *Dhomtra,*

den sanftgesichtigen Riesenpanda.

Traurigerweise

ist diese Fülle von wild lebenden Tieren

nicht mehr zu finden.

BRÜLL!

Wir dürfen nie vergessen,
welches Leid die Menschen
anderen empfindenden Wesen zufügen.

Vielleicht werden wir eines Tages niederknien

und die Tiere um Verzeihung bitten.

Unter all den verschiedenen Tierarten
auf dem Planeten sind die Menschen
die größten Unruhestifter.

Das ist klar.

Der Friede und Fortbestand des Lebens auf der Erde, wie wir sie kennen, werden bedroht durch menschliche Aktivitäten, die den Einsatz für humanitäre Werte vermissen lassen.

Die Zerstörung der Natur und der natürlichen Ressourcen ist die Folge von Unwissen, Habgier

und mangelnder Achtung vor den Lebewesen der Erde.

Wir Menschen sind die einzige Spezies mit der Macht, die Erde, wie wir sie kennen, zu zerstören.

Doch wenn wir in der Lage sind,
die Erde zu zerstören, dann
sind wir auch in der Lage, sie zu erhalten.

Mit dem Fortschritt scheint die ganze Welt
viel kleiner geworden zu sein,
aber das menschliche Bewusstsein
bleibt noch immer dahinter zurück.

Wenn wir uns eine bessere Zukunft wünschen,
müssen wir *jetzt* unsere Denkweise überprüfen.

Wir müssen unsere Natur erkennen –
dann haben wir, wenn wir dazu entschlossen sind,
die echte Möglichkeit,
das menschliche Herz zu verwandeln.

Mitgefühl, Liebenswürdigkeit und Selbstlosigkeit sind die Schlüssel nicht nur zur menschlichen Entwicklung, sondern auch zum planetarischen Überleben.

Wahre Veränderung in der Welt wird allein durch eine Veränderung des Herzens kommen.

Was ich vorschlage, ist eine

Revolution durch Mitgefühl,

ein Aufruf zu radikaler Umorientierung,

weg von der gewohnheitsmäßigen

Beschäftigung mit uns selbst.

Es ist ein Aufruf, sich der größeren Gemeinschaft
von Lebewesen zuzuwenden, mit denen wir
verbunden sind, und zu einem Verhalten,
das neben den unseren auch die Interessen
der anderen berücksichtigt.

Ich stimme mit Shantideva überein,

wenn er schreibt:

Welche Freuden es auch immer auf dieser Welt
gibt, sie alle kommen von dem Wunsch,
dass andere glücklich sind.
Und welche Leiden es auch immer auf dieser
Welt gibt, sie alle kommen von dem Wunsch,
dass man selbst glücklich ist.

Einer der stärksten visuellen Eindrücke,
die ich je erfahren habe,
war die erste Aufnahme der Erde
aus dem Weltall.

Das Bild eines blauen Planeten,
schwebend im tiefen Raum,

leuchtend wie der Vollmond in klarer Nacht,
führte mir eindringlich vor Augen,
dass wir alle tatsächlich Mitglieder *einer* Familie
sind, die ein kleines Haus miteinander teilen.

Dieser schöne blaue Planet ist
unsere einzige Heimat.
Was auf ihm geschieht, betrifft uns alle.
Wir müssen lernen,
miteinander wie auch mit der Natur
in Harmonie und Frieden zu leben.

Das ist nicht bloß ein Traum,
sondern eine Notwendigkeit.
Wenn wir diese Heimat nicht sorgsam pflegen,
wofür sind wir dann noch verantwortlich
auf dieser Erde?

Alles ist voneinander abhängig,
alles ist untrennbar.

Unser persönliches Wohlergehen ist
mit dem aller anderen ebenso eng verknüpft
wie mit der Umgebung, in der wir leben.

Jede unserer Handlungen,
jede Aktion, jedes Wort, jeder Gedanke –
ganz gleich, wie unbedeutend oder folgenlos
sie erscheinen mögen –
hat Auswirkungen nicht nur auf uns,
sondern auch auf alle anderen.

Wir alle sind im Universum miteinander verbunden, und daraus ergibt sich unsere universelle Verantwortung.

Die Geschöpfe, welche diese Erde bewohnen –
ob Menschen oder Tiere –
sind hier, damit ein jedes
auf seine besondere Weise zur Schönheit
und zum Reichtum der Welt beitragen kann.

Ich glaube, jeder trägt die Verantwortung dafür,
eine glücklichere Welt zu gestalten.
Im Grunde müssen wir größeres Interesse
am Wohlergehen der anderen haben.

Das heißt: *Güte* oder *Mitgefühl* empfinden,
an denen es heute mangelt.

Wir müssen unseren inneren Werten

mehr Beachtung schenken.

Einen Sinn für die Einheit der Menschheit

entwickeln.

Wenn du die Welt ändern möchtest,
so versuche zuerst, in dir selbst etwas
zu ändern und besser zu werden.

Um eine friedlichere Welt zu schaffen,
braucht es einen friedlichen Geist und
ein friedliches Herz.

Ein gutes Herz ist die Quelle
jeden Glücks und Frohmuts.
Wir alle können warmherzig sein,
wenn wir uns darum bemühen.

Aber noch besser ist, *Bodhichitta* zu haben –

ein gutes Herz erfüllt von Weisheit.

Wir müssen ein genügend starkes Mitgefühl
entwickeln, mit dem wir uns
dem Wohl der anderen verschreiben,

und dann guten Willens

die Verantwortung übernehmen,

es Tag für Tag zu verwirklichen.

Im Tibetischen wird ein solches Mitgefühl

nying je chenpo

genannt, wörtlich

»Großes Mitgefühl«.

Indem wir eine verantwortungsbewusste Einstellung
gegenüber anderen entwickeln,
können wir anfangen,
jene freundlichere, mitfühlendere Welt zu schaffen,
von der wir alle träumen.

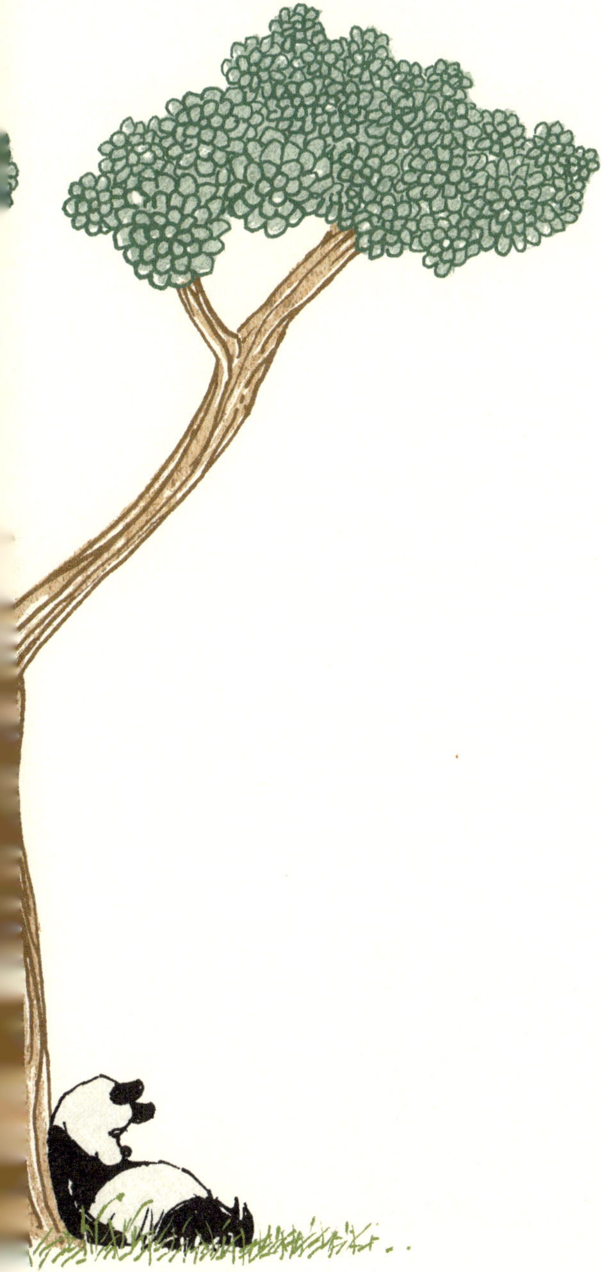

Am wichtigsten ist unsere Geisteshaltung hier und jetzt, desgleichen die Art und Weise, wie wir sie im täglichen Leben zum Ausdruck bringen.

Befreie dich von Gedanken,
die dir Sorge und Unbehagen bereiten.
Diese entspringen einer negativen
Geisteshaltung, negativen Gedanken.

Überlege dir, ob deine Gedanken

der Menschheit und der Gesundheit

unseres Planeten dienlich sind oder nicht.

Wenn du möchtest, dass andere glücklich sind,

übe dich in Mitgefühl.

Wenn du glücklich sein möchtest,

übe dich in Mitgefühl.

Das ist meine einfache Religion.

Es bedarf keiner Tempel,

keiner komplizierten Philosophie.

Meine Philosophie lautet:

Sei gütig, sooft es *möglich* ist.

Es ist immer *möglich.*

Mitgefühl ist die radikale Haltung

in unserer Zeit.

Betrachte alle empfindenden Wesen
als so liebenswert wie deine Mutter.

Manchen erscheint es unrealistisch,
sich für dieses Ideal der
bedingungslosen Liebe einzusetzen.

Dennoch dränge ich sie,
damit zu experimentieren.

Sie werden feststellen, dass unsere Herzen sich
mit Kraft füllen, wenn wir die Grenzen der
engstirnigen Eigeninteressen überwinden.

Frieden und innere Freude
werden unsere ständigen Begleiter.

Die bedingungslose Liebe

reißt Barrieren jeder Art ein –

und beseitigt schließlich die Vorstellung,

dass mein Interesse unabhängig ist
von den Interessen anderer Menschen.

Wo Liebe, Zuneigung, Güte
und Mitgefühl herrschen,
ergibt sich ethisch heilsames Handeln

auf natürliche Weise.

Alles, was wir tun,

hat eine Wirkung –

selbst eine einfache Aktion.

Sie mag unbedeutend erscheinen,
aber multiplizieren wir sie mit der
von Milliarden Menschen,
die das Gleiche tun, können wir
einen enormen Einfluss ausüben.

Letztlich ist jedes Individuum
mitverantwortlich dafür, unsere globale Familie
in die richtige Richtung zu führen.

Gute Wünsche allein reichen nicht aus;
wir müssen

Verantwortung
übernehmen.

Also besteht Hoffnung auf eine bessere Zukunft.

Sie hängt gänzlich von unserem Handeln ab (*Karma*).

Es gibt nur zwei Tage im Jahr,
an denen nichts getan werden kann.

Der eine heißt *Gestern*,
der andere *Morgen*.

Heute ist der richtige Tag,
um zu lieben, zu glauben, tätig zu sein –
und die meiste Zeit positiv zu leben,
um anderen zu helfen.

Ich bete für uns alle,
dass es uns zusammen gelingt,
durch Verständnis und Liebe
eine von Mitgefühl geprägte Welt aufzubauen –
und dass wir dadurch
den Schmerz und das Leid
aller empfindenden Wesen verringern.

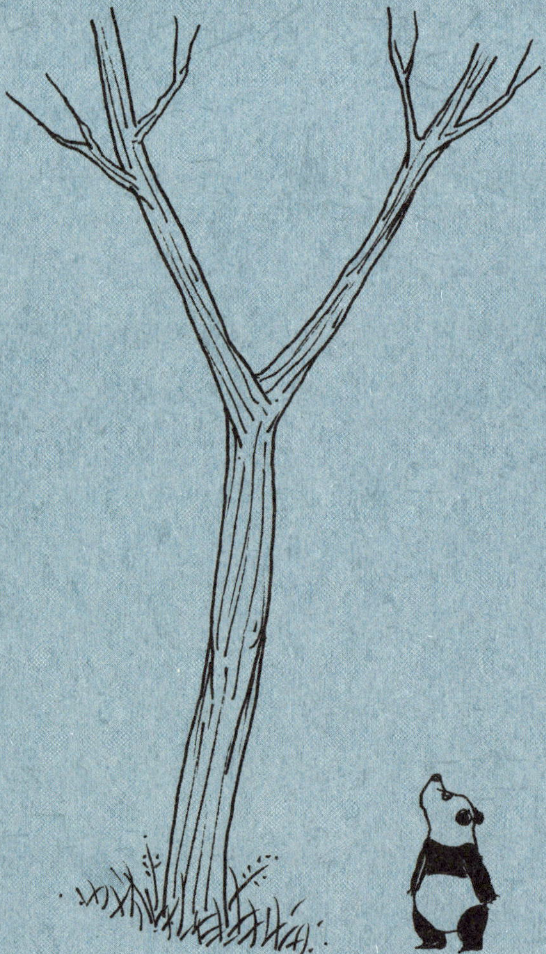

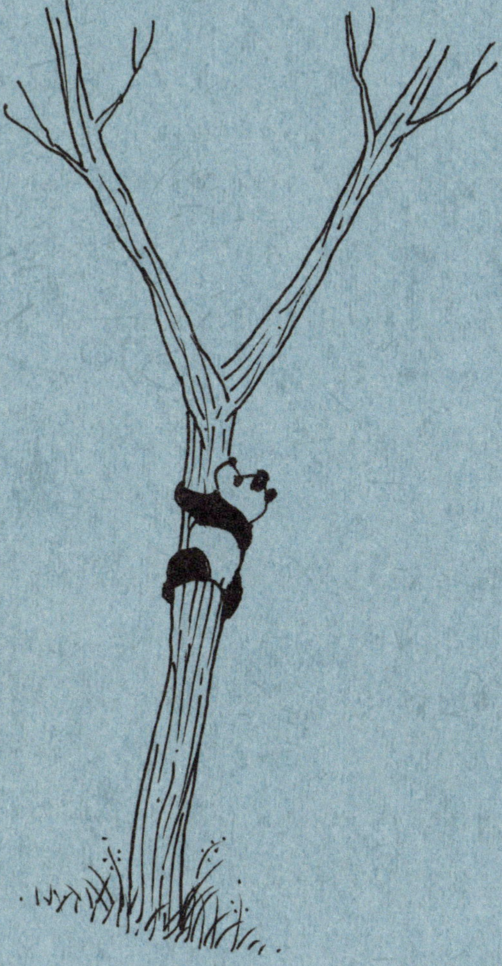

Möge ich zu allen Zeiten, jetzt und für immer,
ein Beschützer werden für jene ohne Schutz,
ein Führer für jene, die vom Weg abgekommen sind,
ein Schiff für jene, die Ozeane zu überqueren haben,
eine Brücke für jene, die Flüsse zu überqueren haben,

ein Heiligtum für jene, die in Gefahr schweben,
eine Lampe für jene ohne Licht,
ein Zufluchtsort für jene, die obdachlos sind,
und ein Diener für alle in Not.

Solange der Weltraum weiterbesteht
und solange die Lebewesen fortdauern,
möge auch ich verweilen,
um das Elend in der Welt zu vertreiben.

KLOPF-KLOPF

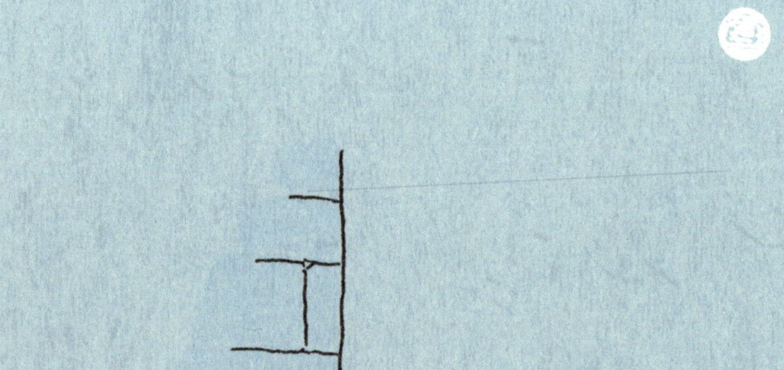

Mögen alle empfindenden Wesen,
ich selbst und die anderen,
durch Liebe und Mitgefühl
dauerhaftes, von Weisheit geleitetes
Glück finden.

Nachwort von seiner Heiligkeit dem Dalai Lama

Jeden Tag sehen wir auf der ganzen Welt, wie verheerend sich unsere Missachtung dieses kostbaren Planeten, unserer einzigen Heimat, auswirkt. Wir können nicht länger die Augen verschließen und müssen aktiv dazu beitragen, den Planeten zu schützen und zu bewahren, bevor es zu spät ist.

Der edle Panda im vorliegenden Buch ist ein unschuldiger Bär, der großen Herausforderungen gegenübersteht. Infolge des Klimawandels sieht er seinen Lebensraum verschwinden und seine Artgenossen sich immer weiter verringern. Auch wir sind Zeugen dieser Vorgänge. Doch anders als der Panda und die übrigen Tiere können wir etwas dagegen tun.

Es ist meine Hoffnung, dass die Texte und Zeichnungen Augen, Sinne und Herzen aller Menschen, besonders der jungen, öffnen werden für die Bedeutung der Güte und des Mitgefühls gegenüber unserer Umwelt, von der wir um unseres eigenen Überlebens willen in so hohem Maße abhängig sind.

Tenzin Gyatso, seine Heiligkeit der 14. Dalai Lama, nennt sich selbst einen einfachen buddhistischen Mönch. Doch er ist mehr als das: Geboren 1935, floh er nach der Besetzung Tibets 1959 nach Indien, wo er seitdem im Exil lebt. 1989 wurde das geistliche und (bis zu seinem freiwilligen Rückzug 2011) weltliche Oberhaupt der Tibeter mit dem Friedensnobelpreis geehrt. Seine spirituelle Arbeit und die Bemühungen um die politische, religiöse und kulturelle Identität Tibets sowie sein Einsatz für den Weltfrieden finden Anerkennung in der ganzen Welt. Eindringlich plädiert er für ein versöhnliches Miteinander der Menschen und einen achtsamen, verantwortungsbewussten Umgang mit der Natur. Um den Planeten Erde vor der Zerstörung durch Raubbau und den verheerenden Auswirkungen des Klimawandels zu bewahren, fordert er ein globales Umdenken, das auf einer neuen, für unser aller Überleben unverzichtbaren ökologisch-spirituellen Ethik beruht.

Patrick McDonnell, geboren 1956, ist ein US-amerikanischer Comiczeichner. Als freiberuflicher Zeichner arbeitete er unter anderem für die *New York Times*, *Sports Illustrated*, *Reader's Digest*, *Forbes Magazine* und *Time*. Er hat mit dem spirituellen Lehrer Eckhart Tolle an *Guardians of Being* (Wächter des Seins) und mit dem Dichter und Rumi-Übersetzer Daniel Ladinsky an *Darling, I Love You* zusammengearbeitet.

∞

Patrick McDonnell möchte sich aufrichtig bedanken bei Seiner Heiligkeit dem Dalai Lama, Pam Cesak, Tencho Gyatso, Tseten Samdup Chhoekyapa, Judith Curr, Anna Paustenbach, Shawn Dahl, Robert McDonnell, Henry Dunow, Stu Rees, Karen O'Connell – sowie bei jedem Menschen, der seinen Beitrag leistet, die Welt zu einem freundlicheren, sichereren Ort für alle Lebewesen zu machen.

Das englische Original erschien 2023 unter dem Titel
Heart to Heart. A Conversation on Love and Hope for Our Precious Planet
bei Harper One, einem Imprint von Harper Collins, USA.

Folgende Zitate stammen aus bereits veröffentlichten Werken und wurden für die vorliegende Übersetzung teilweise angepasst oder neu übersetzt:

FSC
www.fsc.org
MIX
Papier | Fördert gute Waldnutzung
FSC® C083411

Allegria ist ein Verlag der Ullstein Buchverlage GmbH
ISBN 978-3-7934-2442-0
2. Auflage 2023

Umschlaggestaltung: zero-media.net, München
Titelabbildung © Patrick McDonnell
Gesetzt aus Ionic No 5
Satz und Repro: LVD GmbH, Berlin
Druck und Bindearbeiten: CPI books GmbH, Leck